Primera edició: Primer d'Octubre del 2018
Segona edició: febrer del 2019
Tercera edició: setembre del 2019
Quarta edició: Primer d'Octubre del 2019

Editorial Comanegra
Consell de Cent, 159
08015 Barcelona
www.comanegra.com

Assistència al color: Miquel Caldentey i Maria Sagrera
Correccions de proves: Gemma Garrigosa i Núria Puyuelo
Impressió: Índice

ISBN: 978-84-17188-62-7
Dipòsit legal: B 17959-2018

Aquest llibre ha estat publicat amb l'ajuda de

GOIB CONSELLERIA CULTURA, PARTICIPACIÓ I ESPORTS

institut d'estudis baleàrics

Llibre local = Lector compromès
Aquest és un llibre publicat amb el segell **Llibre local**, que garanteix que el 100% de l'elaboració -des del disseny fins a la impressió- s'ha dut a terme per professionals i empreses catalanes.

Visita **llibrelocal.cat** per conèixer millor aquesta iniciativa.

IMPRÈS DISSENYAT AQUÍ EDITAT Llibre Local .cat

ON ÉS L'ESTEL·LA?

TONI GALMÉS

comanegra

Estel·la
ONZES DE SETEMBRE HISTÒRICS
Cada Onze de Setembre els catalans en fem una de més grossa. M'he trobat gent reclamant butà, l'enterrament d'un Estatut i un gos amb barretina. Quina serà la propera?
ESTATUT
R.I.P.
PATINS
X
LLEIDA
BCN

Vull:
ens tapin la boca
INDEPENDENCIA
POSSIBLE

Estel·la
PRINCIPIS DE SETEMBRE DEL 2017
Avui passava per la impremta del poble i he vist paperetes escapant-se per una finestra, una cabra retrobant-se amb la seva família i una escena d'amor absolut.
PASSI-HO BÉ!
POLICIA
IMPREMTA
ACAB

SÍ
OC
NO
NON
PREMSA LOCAL
"ON SÓN LES PAPERETES?"
MAJOR

Estel·la
ONZE DE SETEMBRE DEL 2017
Festa per la Llibertat! Els catalans fan coses. Avui hi havia birra lliure, un ruc molt català i un Piuet sospitós que s'ho mirava tot des del cel.
CERV
VISCA LA BIRRA LLIURE !!!!
OVIDI
IQUETS
PREUS
demo
Crida per la Democràcia

democràcia!
Crida per la Democràcia

Estel·la
20 DE SETEMBRE DEL 2017
Tothom davant d'Economia i a la seu de la CUP! No havia vist mai tanta gent damunt d'un cotxe com avui. També he vist un duel estil Far West, un mico enfilat a un fanal i unes oques descalces.
ORDEN DE REGISTRO
#PARLEM
MAREA BLANCA
SI EL #PARLEM NO FUNCIONA #FOLLEM!
NI DUI NI 155
#PARLEM!
NO
#PARLEM
INDEPENDÈNCIA
ORDEN DE DETENCIÓN
HACEN COSAS!
VOLEM VOTAR!
MOSSOS
POLICIA
DE VOTAR!
ELS CAFÈS VAN DESPRÉS DE LES POSTRES!
REFERÈNDUM
#MAMBO!!
1-O VOTA!!
ELS CARRERS SERAN SEMPRE NOSTRES
SÍ
POLICIA
ORDRE
POLICIA
ORDEN DE REGISTRO
ORDEN DE DETENCIÓN

democràcia!
democràcia!
MINISTERIO DE JUSTICIA
ORD
ORDEN DE REGISTRO
VOTAREM
democràcia!
MARXEU A CASA
VOTAREM

Estel·la
30 DE SETEMBRE DEL 2017

Quina nit tan llarga. Al col·legi del barri, entre sacs de dormir, hi havia cinema a la fresca, un Tarzan i un pingüí de guàrdia.

VOTAREM
CLAP!
VOTAREM
Sí
Sí
BLIC

Estel·la
1 D'OCTUBRE DEL 2017
A Sant Esteve de les Roures hem vist l'urna com balla, un karateka emmascarat, Spiderman sentint-se com a casa i una partida de dòmino que durarà anys.
Benvinguts SANT ESTEVE DE LES ROURES
SÍ OC NO NON
HEM VOTAT !!!
VOTAREM
LOCAL VISITANT
1-0

BÈLGICA
POLICIA
SÍ
PEIX
PIOLIN
ST. ESTEVE DE LES ROURES
TVE
PRENSA

Estel·la
2 D'OCTUBRE DEL 2017
He passat pel port de Barcelona i m'hi he trobat un policia amb indigestió, un cuiner llançat per la borda, una colla fent-se la foto i uns peixos passant-s'ho pipa.
EL PIOLÍN

GUARDIA CIVIL
POLICIA
LA POLI
POLICIA
FARIÑA

Estel·la
3 D'OCTUBRE DEL 2017
Aturada de país! Avui he vist un pagès llegint amb parsimònia entre la multitud, un senyor fent la cassolada amb excés de delicadesa, un paraigua molt oportú i el comte Dràcula.
VOTEM PER SER LLIURES
TANCAT
democràcia!
SÍ
HELP
VOTEM
TANCAT DIGNITAT!
SEMPRE NOSTRES
Love
mocracy
HOLA PAÍS NOU

SÍ HOLA REPÚBLICA
REPÚBLICA
1-0
NI OBLIT NI PERDÓ
VOTA!
MAJESTAT, AVUI NO!!
SÍ VIURE VOL DIR PRENDRE PARTIT!
ELS CARRERS SERAN SEMPRE NOSTRES
AIXÍ NO!
QUEVIURES
TANCAT PER DIGNITAT
AVUI NO!
Floristeria
TANCAT
VOTEM PER SER LLIURES
TANCAT
SÍ A LA
HEM VOTAT!!
AIXÍ NO!
HAGEN COSAS !!

Estel·la
27 D'OCTUBRE DEL 2017

Proclamació i 155. Per la Ciutadella hi han passat mamuts, flamencs, cocodrils, girafes... i alguns animals més.

RÀDIO
155
HOLA
REPÚBLICA

Estel·la
7 DE DESEMBRE DEL 2017
Brussel·les venia de pas, avui. He vist l'atac d'uns musclos massa vius, un mag cèlebre amb massa bufanda i un munt de personatges de còmic.
Freedom
FREEDOM!
llibertat!!
155
Freedom

FREEDOM
EUROPE WAKE U
DEMOCRACY FOR CATALONIA

Estel·la
ESTIU DEL 2018

Aquest cap de setmana m'he escapat a la platja i m'hi he trobat un Jesús amb la creu, una cantant enamorada del seu país i un americà molt afectat.

MORDAZAS
LLIBE
PRESOS P
MATEMÀTIQUES
CUB
CILINDRE
LA PILARÍN SERÀ SEMPRE NOSTRA!
XOCOLATADA AMB MELINDROS GROCS EN FAVOR DELS PRESXS

Estel·la
1 D'OCTUBRE DEL 3017
Cada Primer d'Octubre els catalans en fem una de més grossa. M'he trobat una família d'urnes, la Moreneta i un lladre de taronges. Quina serà la propera?
2017-3017
Plaça 1 octubre
Gràcies!!
1000 anys més de democràcia i llibertat!!
SÍ
OC
NO
NON

Jtaca Bus
EL DE SEMPRE
VENTURA PONS
JORDI BORRÀS
DIES QUE DURARAN ANYS
LA PEL·LÍCULA
Cinema
República
VAM VOTAR!
ELS Carters seran sempre
Ensaïmada

EL TEST DE L'ESTEL·LA

(troba-ho tot, si n'ets capaç!)

ONZES DE SETEMBRE HISTÒRICS

- L'abraçada dels antagonistes ☆
- Una llufa ☆
- Una cadena humana ★
- Un guerrer medieval ☆
- Un avió de paper aterrant en un ull ☆
- Un peix penjant d'Europa ★
- Fèlix Millet amb pressa ☆
- Un casament ☆
- L'avi d'*Up* ☆
- Un carterista ☆

PRINCIPIS DE SETEMBRE DEL 2017

- Un vampir dormint ★
- Un interrogatori molt difícil ☆
- Winki Wonka amb els Oompa Loompa ☆
- Un altre guerrer medieval ☆
- En Cobi té èxit ☆
- En Batman ★
- *Modern Times* ☆
- *All Cops Are Bastards* ☆
- Un torero enfeinat ★
- Una fotocòpia «culinària» ★

ONZE DE SETEMBRE DEL 2017

- Manuel de Pedrolo amb una colla d'amics ☆
- L'estelada LGTBI ☆
- En Partal i en Cotarelo ☆
- Una disputa cervesera ☆
- Un roquer incòmode amb la música que sona ☆
- Un espanyolista despistat ☆
- Músics d'un altre planeta ☆
- Tres ballarins molt clàssics ☆
- Tres balladors molt estimats ☆
- En Jahir i en Peyu ☆

20 DE SETEMBRE DEL 2017

- Un nen que es mereix una família millor ☆
- La dignitat d'un pallasso ☆
- Anubis que passava per allà ☆
- Un savi que no ho veu clar ☆
- Una fan de Trapero ☆
- Unes *cheerleaders* entusiastes ☆
- Un petó sota la indignació ☆
- «Una expresión de buen gusto» ☆
- El senyor del maletí ☆
- Trencar els ous era això? ☆

30 DE SETEMBRE DEL 2017

- «No te la fotis!» ☆
- Un guàrdia civil amagat ☆
- Un gos *voyeur* ☆
- Observadors internacionals ☆
- El brètol que molesta amb les crispetes ☆
- Una visita de Tiananmen ☆
- Amor d'acampada ☆
- Una Gioconda reivindicativa ☆
- Snoopy ☆
- Un dormilega amb la mà llarga ☆

1 D'OCTUBRE DEL 2017

- Uns bombers que seran sempre nostres ☆
- Un fantasma execrable ☆
- Una finta sota un pont ☆
- Uns arbres tallant el pas ☆
- Una urna sobre rodes ☆
- Viure a Matrix ☆
- L'urna més ben amagada ☆
- Una trampa ben posada ☆
- Un altre guerrer medieval, encara ☆
- Les rates fan molta por ☆